불안이 사르르 사라지는 그림책

작은 일에도 걱정부터 앞서는 아이를 위한 마음 사용법

이다랑 글 · 이시누 그림

길벗

1. 불안, 너는 대체 누구니?

난 사실 학교에 갈 때만 걱정을 하는 게 아니야.
나는 가끔씩 이상한 생각이 들 때가 있어.

엄마가 갑자기 사라지면 어떡하지?

아빠가 왜 안 올까? 무슨 일 생기신 건 아니겠지?

여기를 밟는 순간 구멍이 뚫려서 지하로 떨어지면 어떡하지?

저 어두운 구멍에 뭐가 있는 건 아닐까?

이런 이상한 생각은 한번 시작되면 사라지질 않아.

처음 하는 것은 나를 긴장하게 만들어.
마음도 몸도 내 마음대로 안 돼.

정말 다른 친구들은 다 괜찮은 걸까?
나만 이상한 생각을 하는 걸까?

그건 바로 **불안** 때문이야!

아이고 깜짝이야!
넌 누구야?

나는 뉴런이야. 너에게 일어나는 일을 다 알고 있어!
나는 너의 뇌 안에서 재빠르게 돌아다닐 수 있거든. 그래서 네가
왜 그렇게 걱정을 하고 가슴이 콩닥거리는지 알고 있어.
만약 네가 불안에 대해서 잘 알게 된다면
더 이상 불안 때문에 힘들지 않을 거야.

이게 다 불안
때문이라고? 알고 싶어!
나에게 불안에 대해 알려 줘!

불안은 누구의 마음속에나 다 있어.
너에게도 친구들에게도 엄마 아빠에게도.
불안은 우리에게 꼭 필요한 거야!

불안이 없다면 위험해도 눈치채지 못할걸?

불안은 미리미리 준비해서 위험을 피하도록 도와줘.

그럼! 문제는, 불안이 아무때나 불쑥 나타나거나
너무너무 커져 버리는 거야.
불안은 너를 두렵게 하고 계속 걱정하게 만들지.

불안은 심장을 두근거리게 하고 머리를 지끈지끈 아프게도 해.
그래서 아무것도 못하겠다는 마음이 생기는 거야.

달달달 손이나 다리가 떨리거나,
손바닥이나 이마에 땀이
흠뻑 나게 만들기도 하지.

배가 살살 아플 수도 있고,
온몸이 얼음처럼 얼어붙어서
꼼짝 못 하게 하기도 해.

2. 불안을 만드는 생각 공장을 바꿔라!

나는 불안을 콱 다 없애 버릴 거야!
어디에 있는 거야? 찾으러 가자!

불안을 찾으러 가자고?
불안은 네 안에 있는걸.

내 안에 있다고?

응! 네 안에, 바로 너의 '뇌' 안에 있어.
너에게 불안이 만들어지는 곳을 보여줄게.
나를 따라와!

생각 공장 지도

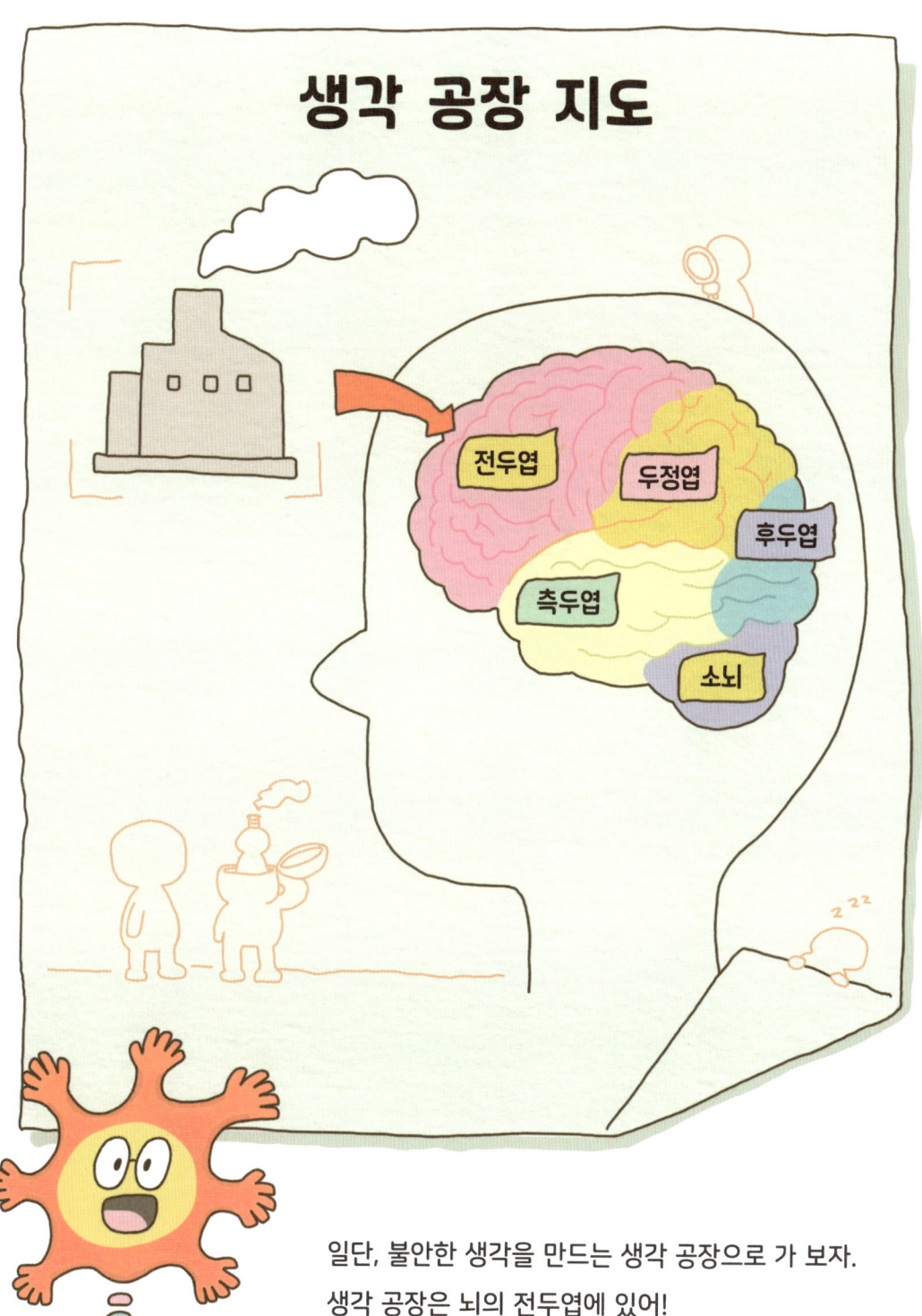

일단, 불안한 생각을 만드는 생각 공장으로 가 보자.
생각 공장은 뇌의 전두엽에 있어!

여기는 너의 머릿속에 있는 생각 공장이야.
네가 느끼는 감정은 생각이라는 재료로 만들어져.
생각 공장에서 불안이라는 감정도
만들어지는 거야.

머릿속 생각 공장에서 가끔씩 이상한 생각들이 생겨나.
이런 생각들이 불안한 마음을 만드는 거야.
그리고 불안은 너를 꽁꽁 얼게 하거나 도망가게 만들어.

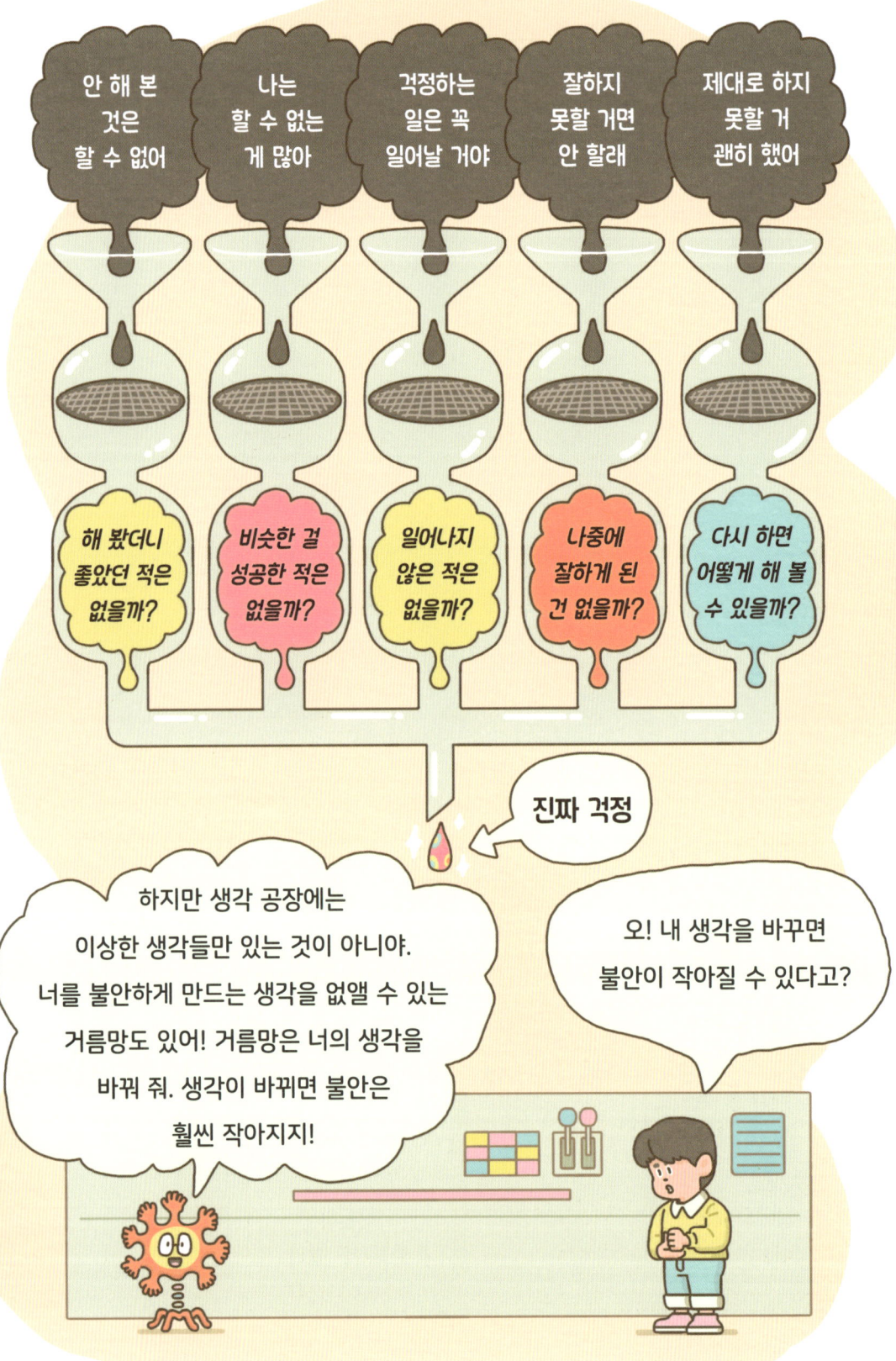

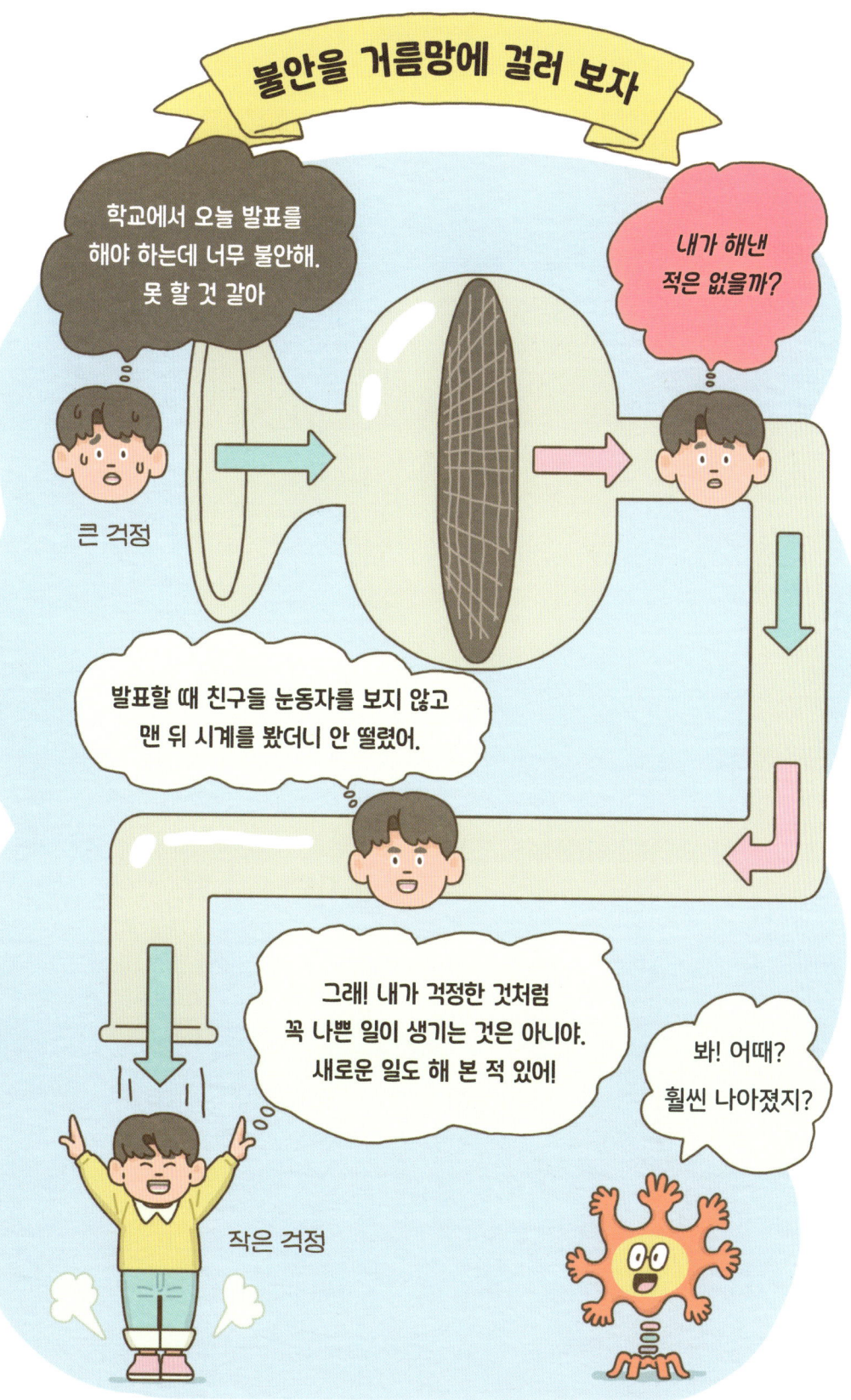

3. 불안해진 아몬드 대장을 달래 주자!

우리 뇌에는 편도체라는 곳이 있는데, 쉽게 아몬드라고 부르자. 아몬드 대장은 우리를 보호하고 싶어 해. 그래서 우리가 위험에 처했다고 판단하면 우리 뇌 곳곳에 비상 명령을 내리지.

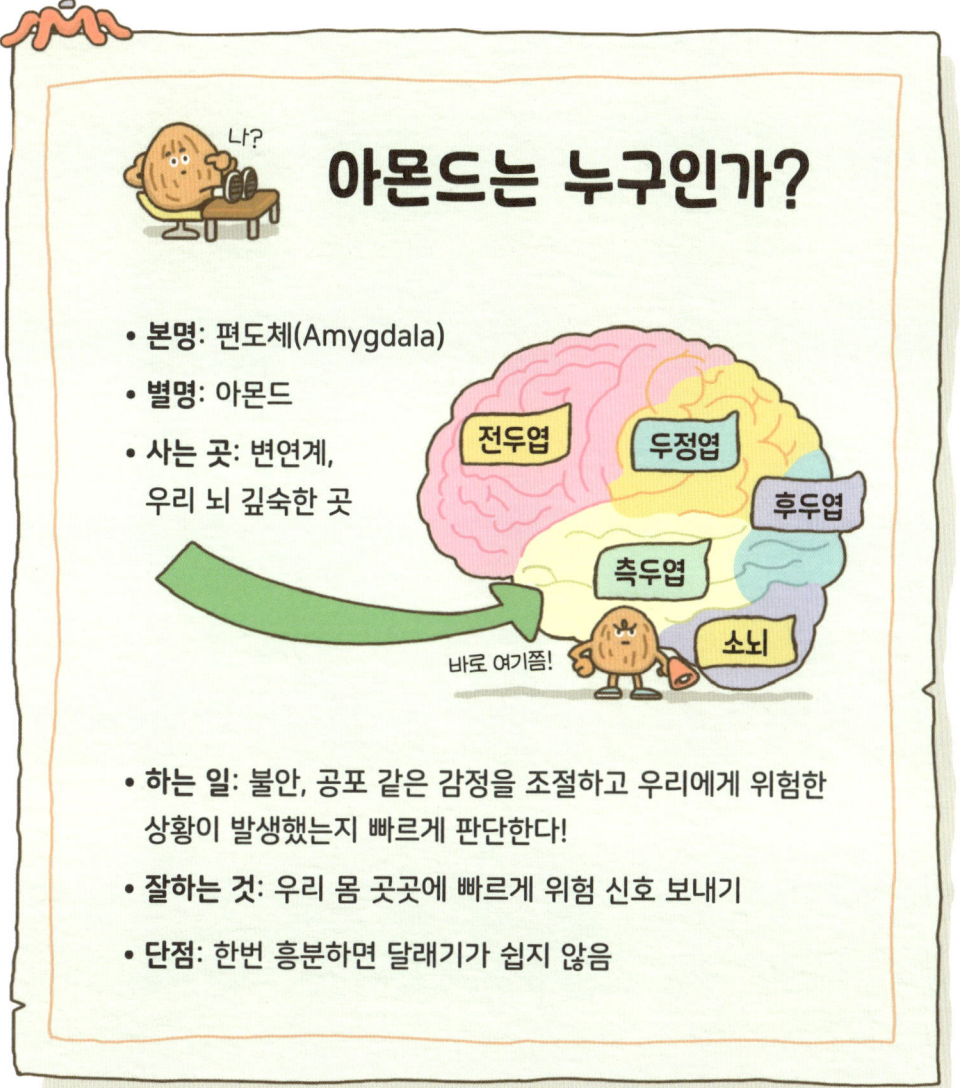

아몬드는 누구인가?

- **본명**: 편도체(Amygdala)
- **별명**: 아몬드
- **사는 곳**: 변연계, 우리 뇌 깊숙한 곳

바로 여기쯤!

- **하는 일**: 불안, 공포 같은 감정을 조절하고 우리에게 위험한 상황이 발생했는지 빠르게 판단한다!
- **잘하는 것**: 우리 몸 곳곳에 빠르게 위험 신호 보내기
- **단점**: 한번 흥분하면 달래기가 쉽지 않음

비상 상황이 되면 생각 공장도 멈춰 버려. 그러면 가슴이 두근거리고 땀이 나고 작은 상자에 갇힌 것처럼 꼼짝 못 하는 느낌이 들 수 있어. 생각 공장이 멈추니까 머릿속도 뒤죽박죽 엉망이 되어 버려.

소용없어. 아몬드 대장이 위험한 상황이라고 느끼는 바람에 비상 버튼을 이미 마구 눌러 버렸거든. 이제 우리는 특별한 방법을 써서 아몬드를 진정시켜야 해.

1. 아몬드 대장을 위한 호흡법

숨을 깊이 쉬어 주면 아몬드 대장은 아무 일이 없다고 생각하며 편안해질 거야. 배가 볼록해지도록 숨을 크게 마시고 속으로 천천히 다섯을 세면서 조금씩 내뱉자. 이렇게 여러 번 반복해 보는 거야.

2. 아몬드 대장과 함께하는 스트레칭

아몬드 대장이 몸을 바짝 긴장시켰으니 우리가 풀어 주자!
몸에 힘을 꽉 주었다가 다시 편안하게 풀어 보자.
똑바로 누워서 팔다리를 길게 늘리듯이 펴 보자!
팔다리를 위로 올려 탈탈탈 재미있게 털어 보아도 좋아.

3. 아몬드 대장과 함께 초콜릿 음미하기

아몬드 대장을 편안하게 하는 방법 중 하나는 네가 느끼는 것에 집중하는 거야. 초콜릿 한 조각을 입에 넣어 봐, 깨물거나 삼키지 말고 살살 녹이면서 먹어 봐. 눈을 감고 초콜릿이 입안에서 어떻게 녹으며 맛을 내는지 느껴 보는 거야.

초콜릿이 없다면 눈을 감고 지금 어떤 소리가 들리는지 곰곰이 집중해서 들어 보는 것도 좋아.

4. 아몬드 대장을 달래는 물건 주기

평소에 너를 편안하게 만들어 주는 물건, 인형이나 이불 같은 게 있니?
아마 아몬드 대장도 그걸 똑같이 좋아할 거야. 꼭 안고 감촉이나 냄새를 느껴 봐.
인형에게 위로받는 것은 부끄러운 일이 아니야. 너를 달래 주는 일이야!

5. 아몬드 대장과 칼림바 연주하기

혹시 재빨리 가져와서 연주할 수 있는 악기가 있니?

집중해서 음악을 연주하면 아몬드 대장은 긴장을 풀고 다시 편안해질 거야.

좋아하는 노래 몇 곡을 평소에 연습해 두어 봐!

아몬드 대장이 놀라서 덩달아 너도 불안해질 때 큰 도움이 될 거야!

6. 눈을 움직여서 아몬드 대장 달래 주기

눈앞에 손가락을 두고 머리를 움직이지 않은 채로 눈동자만 왔다 갔다 움직여 봐. 오른쪽으로 눈동자를 옮겼다가 다시 왼쪽으로, 또다시 오른쪽으로 그렇게 열 번을 반복해 보자. 눈동자를 양옆으로 움직이는 것은 아몬드에게 아무 일이 없다고 빠르게 알려 주는 좋은 방법이야!

휴우~ 겨우 진정시켰다!
생각 공장이 돌아가고 있어. 거름망이 작동해.

라니야! 너는 이제 생각 공장을 잘 사용하는 법과
불안해하는 아몬드 대장을 잘 달래 주는 법을 배운 거야!

4. 나는 이제 불안과 잘 지낼 수 있어

불안은 언제든 너를 찾아올 수 있고 너를 아주 힘들게 할 수 있어. 하지만 너는 이제 불안이 찾아왔을 때 네 스스로 해 볼 수 있는 행동을 아주 많이 알고 있어!

첫째, 너는 불안한 마음을 정확히 이야기할 수 있어.

불안한 마음을 정확히 이야기하는 건 불안과 잘 지내는 아주 좋은 방법이야. 불안을 표현하는 말은 이렇게 많아!

• 불안을 표현하는 말들 •

긴장돼요. 조마조마해요.
울고 싶어요. 괴로워요. 우울해요.
창피해요. 초조해요. 두려워요.
토할 것 같아요. 어지러워요.
걱정이 돼요. 불편해요.
가슴이 벌렁거려요. 떨려요.
겁나요. 두근두근해요. 무서워요.

파도가 나를 삼킬까 봐 두려워.
해파리가 나타날까 봐 가슴이 벌렁거려.
발가락에 닿는 모래가 껄끄러워서 불편해.
겁쟁이라고 누가 놀릴까 봐 초조해.

잘했어 라니야! 그냥 '싫어'라고 하지 말고 불안을 자세히 표현해 봐. 네가 왜 불안한지 더욱 정확하게 알게 될 거야!

둘째, 너는 생각 공장의 거름망을 사용할 수 있어.

셋째, 눈물이 터질 만큼 불안해질 땐 재빨리 '아몬드 대장 달래기'를 해 볼 수 있어.

꼼짝할 수 없거나 가슴이 뛰고 식은땀이 날 때 네가 할 수 있는 일은 정말 많아.

뜀뛰기 운동

팔을 쭈욱 펴며 스트레칭

좋아하는 노래 듣기

호흡을 길게 하기

응! 눈을 감고 숨을 크게 쉬어 볼래. 그리고 부모님에게 불안한 마음을 이야기하고 응원해 달라고 할래!

불안에게 장점이 있다고?
그게 뭔데?

라니야! 불안이 언제나 나쁜 것만은 아니야.
불안에게는 정말 특별한 점이 있어.

불안이는 정말 신중해. 무엇이든 꼼꼼하게 생각하고 결정하는 멋진 면을
가지고 있어. 규칙을 잘 지키려고 노력하고, 처음에는 두려워하고 머뭇거리며
속도가 느릴 수 있지만 막상 시작하면 가장 꾸준히 잘 해내지!
네가 불안을 많이 느낀다면, 너에게 그런 멋진 점이 있다는 의미이기도 해.
네가 얼마나 멋진 사람인지 기억해!

불안을 안 느낄 수는 없어. 가장 중요한 건 불안과 잘 지내는 거야!
그리고 너는 이제 불안과 잘 지내는 방법을 알고 있어.

불안을 표현하는 감정 단어들

불안을 잘 조절하기 위해서는 지금 느끼는 감정을 구체적으로 잘 표현하는 것부터 해야 해요. 특히 불안은 어른들도 막연하게 느낄 수 있는 감정이에요. 불안을 표현하는 다양한 감정 단어를 알아 두면 불안을 조절할 때 유용해요. 함께 읽고 연습하며 일상 생활에 적용해 보세요.

조마조마해요
시험 점수가 나오는 것을 기다릴 때 조마조마해요.

두려워요
엄마랑 떨어져 있으면 혼자 남은 것 같아 두려워요.

어지러워요
선생님이 갑자기 나를 부르면 머리가 어지러워요.

불편해요
모르는 친구들 사이에 있으면 불편해요.

가슴이 벌렁거려요
무서운 꿈을 꾸면 가슴이 벌렁거려요.

떨려요
새로운 걸 하려니 가슴이 떨려요.

걱정돼요
새로운 반에서 잘 지내지 못할까 봐 걱정돼요.

너무 귀여워서 불편하다고?

냐옹~

불안해요
아빠가 늦게 오면
마음이 불안해져요.

겁나요
엘리베이터를 탈 때
겁이 나요.

긴장돼요
처음 가는 곳에서는
너무 긴장돼요.

초조해요
발표 차례가 올까 봐
초조해요.

막막해요
어떻게 해야 할지
몰라서 막막해요.

부끄러워요
사람들 앞에서 이야기하면
부끄러워요.

당황스러워요
갑자기 질문을 받으면
당황스러워요.

자꾸만 생각나요
아까 실수한 게
자꾸만 생각나요.

무서워요
혼자 자려고 하면
너무 무서워요.

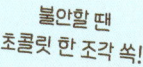

 ## 불안이 많은 아이를 키우는 부모님들에게

또래보다 불안을 더 크게 느끼는 아이들이 있습니다. 이 아이들은 새로운 환경에 적응하는 데 시간이 오래 걸리고 사소한 것에도 걱정이 많아요. 부모로서는 아이에게 공감해 주고 도와줘야 한다는 것은 잘 알지만 조금 조바심도 납니다. 아이가 소극적인 것 같아서 걱정되고 '내 양육 태도가 잘못된 것은 아닐까?' '계속 이러면 어쩌지?'라는 불안이 올라오곤 하죠. 유념해야 할 것은 아이들의 불안은 보통의 발달과정에서 흔히 일어나는 일이고, 기질 특성이 영향을 많이 준다는 점입니다. 아이들은 아직 세상 경험이 많지 않아 새로운 일 앞에서 어른보다 불안을 크게 느낄 수 있습니다. 특히 기질적으로 '위험 회피'나 '사회적 민감성'이 높은 아이들은 새로운 자극이나 환경, 관계에 대한 불안과 걱정이 많은 편이지요.

저는 불안이 유독 많은 아이를 키웠고, 비슷한 기질의 아이를 기르는 부모님을 15년간 상담해 왔습니다. 분명한 것은 기질적으로 불안이 높은 아이일지라도 부모의 지지적인 양육 태도와 기다림이 어우러질 때, 신중하면서도 자신감 높은 성격으로 잘 성장한다는 점입니다. 아이의 마음에 공감하며 성장을 지지하고 긴 시간 기다리는 것이 결코 쉽지는 않지만, 반드시 잘 성장할 거라는 부모의 믿음이 참 중요합니다. 그래야 불안한 아이 앞에서 부모가 흔들리지 않고, 아이에게 필요한 도움을 일관적으로 줄 수 있기 때문입니다. 부모가 잊지 않고 실행하면 좋을 양육팁을 나누어 보겠습니다.

아이의 불안, 어떻게 반응해야 할까?

우선 아이가 불안에 대해 잘 이야기할 수 있도록 이끌어 주세요. "왜 불안해?" "왜 걱정돼?" 불안한 아이에게 부모는 이렇게 질문하기 쉽지만, 아이에게는 막연하게 느껴질 수 있습니다. 우리는 아이의 생각을 알아야 합니다. 그래야 불안을 만드는 생각을 유연하게 바꾸도록 도울 수 있기 때문이에요. "어떤 일이 생길까 봐 걱정돼?"라고 물어봐 주세요.

더불어 아이의 불안에 대한 공감과 지지가 매우 중요합니다. 부모님 중에는 '그러면 지나친 위로가 되어 오히려 불안을 강화시키지 않을까?' 걱정하는 분들도 있습니다. 하지만 불안에 휩싸인 아이는 공감을 받아야 진정이 되고, 빠르게 생각에 집중할 수 있습니다. 또한 부모에게 공감받은 아이는 부모에게 더 많은 생각을 표현할 수 있고, 부모는 이를 통해 불안을 극복하는 방법을 아이를 가르칠 기회가 열립니다. 작위적이고 긴 공감이 필요하진 않아요. "그게 너에게는 걱정되는 일이구나." "그래 불안할 수 있어." 정도로 아이의 감정을 타당하다고 말해 주는 것으로 충분합니다.

아이가 불안을 극복하고 시도해 볼 수 있게 돕는 법

아이가 불안을 극복하도록 돕는 방법은 두 가지가 있습니다. 책에서 다뤘듯 아이의 생각을 유연하게 만드는 것과 급히 치솟은 불안을 낮추는 자기만의 방법을 찾도록 이끄는 것입니다.

아이가 보통의 상황에서 불안을 느낄 때 기저에는 반드시 유연하지 못한 생각이 있습니다. 그래서 아이가 다른 관점에서 생각해 볼 수 있도록 이야기 나누면 좋습니다. 책에서 설명한 '거름망'을 아이에게 그대로 설명해 줘도 좋습니다. 또한 아이가 무언가를 해냈을 때 "처음에는 울고 어려워했지만 지금은 해냈네?"라고 성공 경험을 지지해 주거나 "네가 생각한 일이 일어나지 않았어."라고 아이의 생각을 수정해 주세요.

더불어 급성 불안 반응이 올 때 아이가 대처할 수 있는 방법을 미리 배우고 연습할 수 있게 도와주세요. 불안이 치솟은 순간에 가르치기보다는 평소에 이 책을 함께 읽으며 놀이처럼 연습시켜 주세요. 또한 불안이 많은 아이들은 숨이 찰 만큼 몸을 움직이는 활동을 꾸준히 하면 도움이 됩니다. 함께 산책을 하다 짧게 달리는 것부터 차근차근 시도해 보세요.

《불안이 사르르 사라지는 그림책》 활용법

아이에게 불안을 가르치는 목적으로 활용하기보다 아이와 함께 읽으면서 아이가 자연스럽게 불안을 이해할 수 있도록 천천히 접근하기를 권합니다. 편안한 상황에서 책을 자주 읽다 보면, 아이가 불안에 압도될 때 책에서 본 것을 자연스럽게 적용해 볼 수 있을 거예요. 특히 아몬드(편도체)를 달래는 방법은 아이와 함께 놀이처럼 해 보세요. 평소에 즐겁게 반복하다 보면 아이 스스로 필요한 순간에 활용할 수 있습니다.

불안이 많은 아이들과 이 아이들을 양육하는 부모님, 선생님들의 마음이 더욱 단단해지기를, 불안과 잘 지내는 삶이 되기를 응원합니다.

- 아동심리 전문가, 그로잉맘 이다랑

이다랑 글

대학과 대학원에서 아이 마음을 공부하고, 그로잉맘이라는 별명으로 부모와 아이의 마음 성장을 위한 강의, 교육, 상담, 출판 등 다양한 활동을 하고 있어요. 지금은 사단법인 더나일의 대표로서, 보다 많은 부모와 아이들의 건강한 성장을 돕기 위해 일하는 중이에요. 부모를 위해서 《아이 마음에 상처 주지 않는 습관》《불안이 많은 아이》 등의 책을 썼고, 아이를 위해서 《사과는 이렇게 하는 거야!》《그래서 뭐?》 등을 번역했어요.

이시누 그림

애니메이션을 공부하고 IT 회사에서 일했어요. 현재는 광고와 출판 분야의 일러스트레이터로 활동 중입니다. 할아버지가 될 때까지 그림 작가로 활동하기 위해 꾸준히 공부하고 부지런히 운동하고 있어요. 《라면을 먹으면 숲이 사라져》《공부하는 이유: 과학》《똥 누고 학교 갈까, 학교 가서 똥 눌까?》《마르크스 씨, 경제 좀 아세요?》 등에 그림을 그렸습니다.

불안이 사르르 사라지는 그림책
작은 일에도 걱정부터 앞서는 아이를 위한 마음 사용법

초판 1쇄 발행 2025년 6월 16일
초판 3쇄 발행 2025년 8월 25일

글 · 이다랑
그림 · 이시누
발행인 · 이종원
발행처 · (주)도서출판 길벗
주소 · 서울시 마포구 월드컵로 10길 56(서교동)
대표전화 · 02)332-0931 **팩스** · 02)323-0586
출판사 등록일 · 1990년 12월 24일
홈페이지 · www.gilbut.co.kr **이메일** · gilbut@gilbut.co.kr

기획 및 책임편집 · 황지영(jyhwang@gilbut.co.kr) **편집** · 이미현
제작 · 이준호, 손일순, 이진혁 **마케팅** · 조승모, 이주연 **유통혁신** · 한준희
영업관리 · 김명자, 심선숙, 정경화 **독자지원** · 윤정아

디자인 · 허선정 **인쇄 및 제본** · 상지사

- 이 책은 저작권법의 보호를 받는 저작물로 이 책에 실린 모든 내용, 디자인, 이미지, 편집 구성은 허락 없이 복제하거나 다른 매체에 옮겨 실을 수 없습니다.
- 인공지능(AI) 기술 또는 시스템을 훈련하기 위해 이 책의 전체 내용은 물론 일부 문장도 사용하는 것을 금지합니다.
- 잘못 만든 책은 구입한 서점에서 바꿔드립니다.

© 이다랑, 이시누 2025

ISBN 979-11-407-1358-5 (77810)
 (길벗 도서번호 050232)

제 품 명 : 불안이 사르르 사라지는 그림책	주 소: 서울시 마포구 월드컵로 10길 56(서교동)
제조사명 : (주)도서출판길벗	전화번호: 02-332-0931
제조국명 : 대한민국	제조년월: 2025.6.16
사용연령 : 6세 이상	KC마크는 이 제품이 공통안전기준에 적합하였음을 의미합니다.

독자의 1초를 아껴주는 정성 길벗출판사

(주)도서출판 길벗 | IT단행본, 성인어학, 교과서, 수험서, 경제경영, 교양, 자녀교육, 취미실용 www.gilbut.co.kr
길벗스쿨 | 국어학습, 수학학습, 주니어어학, 어린이단행본, 학습단행본 www.gilbutschool.co.kr